Coleção Dramaturgia

AUTORES NACIONAIS

CB067335

Biblioteca teatral

Impresso no Brasil, julho de 2013

Copyright © Marcio Aquiles, 2013

Os direitos desta edição pertencem a
É Realizações Editora, Livraria e Distribuidora Ltda.
Caixa Postal: 45321 · 04010 970 · São Paulo SP
Telefax: (5511) 5572 5363
e@erealizacoes.com.br · www.erealizacoes.com.br

Editor
Edson Manoel de Oliveira Filho

Gerente editorial
Sonnini Ruiz

Produção editorial
William C. Cruz

Preparação de texto
Bel Junqueira

Revisão
Patrizia Zagni

Capa e projeto gráfico
Mauricio Nisi Gonçalves / Estúdio É

Diagramação
André Cavalcante Gimenez / Estúdio É

Pré-impressão e impressão
Digital Page

Reservados todos os direitos desta obra. Proibida toda e qualquer reprodução desta edição por qualquer meio ou forma, seja ela eletrônica ou mecânica, fotocópia, gravação ou qualquer outro meio de reprodução, sem permissão expressa do editor.

Marcio Aquiles

O ESTETICISMO NIILISTA DO NÚMERO IMAGINÁRIO
e outras peças

APRESENTAÇÃO DE IVAM CABRAL

Realizações Editora

Apresentação:
Marcio Aquiles e a dramaturgia da singularidade
7

A decadência dos seres não abstratos
19

Colapsos mentais e o declínio dos sistemas de produção de sentido
35

Insuportabilidade da existência
41

A geometria do absurdo
49

Subdivisões prismáticas da ideia
57

Insolação lunar
63

A profundidade do silêncio das coisas inócuas
71

O esteticismo niilista do número imaginário
83

Marcio Aquiles e a dramaturgia da singularidade

A palavra dramaturgia, segundo Patrice Pavis em seu *Dicionário do Teatro*,[1] vem do grego e significa "compor um drama". Mas é Aristóteles, em sua *Poética*, quem melhor a define como organização de ações humanas de forma coerente provocando fortes emoções ou um estado irreprimível de gozo ou maravilhamento.

Ao longo do tempo, a dramaturgia tem sido eficaz em contar a história de seus contemporâneos – às vezes como uma espécie de oráculo, antecipando acontecimentos; às vezes como voz insatisfeita que surge para revelar, denunciar e refletir sobre aspectos que suas sociedades não conseguem suportar.

Tem sido assim desde os gregos. E, em muitos casos – pode-se afirmar com absoluta tranquilidade –, é possível estudar toda a história de um povo pela sua produção dramatúrgica.

---

[1] Patrice Pavis, *Dicionário do Teatro*. Trad. Maria Lúcia Pereira et al. São Paulo, Perspectiva, 2011.

William Shakespeare, por exemplo, escreveu em um tempo em que a questão do poder era, se não mais complexa, muito mais premente que qualquer outra. E conseguiu, por meio de sua obra, vociferar questões que até hoje estão distantes de soluções ou respostas.

Por outro lado, no Brasil, caminhamos no descompasso. Se buscarmos uma análise descontextualizada, poucos dramaturgos conseguiram dar conta de suas épocas. Martins Pena, no século XIX; Oswald de Andrade, Nelson Rodrigues, Jorge Andrade, Oduvaldo Vianna Filho, Gianfrancesco Guarnieri, Augusto Boal, Plínio Marcos e Luís Alberto de Abreu, no século XX, e não muitos outros.

No entanto, se contextualizarmos o teatro brasileiro moderno a partir da montagem de *Vestido de Noiva*, de Nelson Rodrigues, feita em 1943 por Ziembinski, o diretor polonês radicado no Brasil, e a situarmos como eixo fundador deste movimento, então poderemos dizer que ainda estamos engatinhando. E isso pode ser um belíssimo diferencial.

Desta forma, sem o peso da tradição europeia e seus três mil anos de história, por exemplo, temos motivos suficientes para louvar o nosso teatro, que nem chegou à adolescência e já produziu obras de relevo.

Assim, a partir deste raciocínio, a lista fica enorme: de Ariano Suassuna, Dias Gomes e Lauro César Muniz, passando por José Vicente e Leilah Assumpção, até Mário Bortolotto, Newton Moreno, Marici Salomão, Leonardo Moreira, Roberto Alvim, Luiz Päetow e Gabriela Mellão. Estes quatro últimos apontam mais fortemente para uma tendência à qual o jovem talento de Marcio Aquiles também poderia pertencer, ao ir além do modelo canônico.

Atuam no plano do antidramático, libertando o texto das amarras poéticas tradicionais.

Agora, fato é que este "moderno teatro brasileiro", ao longo de sua juventude, tem existido sempre em continuidade com a ideia de produção europeia do século XIX, que tem Aristóteles como alicerce instituidor.

A ideia aristotélica impera ainda nos dias de hoje. Foram realmente poucos que quebraram as amarras da questão tempo-espaço-ação e talvez por isso nossos autores ainda permaneçam em seus gabinetes analisando o mundo sempre a partir de suas condições, muitas vezes ultrapassadas ou, na maioria das vezes, distantes da vida real.

Por isso, saúdo com alegria a chegada de Marcio Aquiles ao mundo do teatro. Não apenas porque é um autor jovem, cheio de boas ideias e apaixonado por seu ofício, mas, e sobretudo, porque parece querer mexer com alguns conceitos e cânones da escrita cênica.

Inequívoca é a sua paixão pelo teatro. Enquanto estruturava este prefácio, em uma troca de e-mails entre nós, Marcio declarou-me que "teatro é arte, não maior que cinema ou literatura, mas, se é arte, já é tudo".

Marcio Aquiles tem uma formação, no mínimo, curiosa. Bacharel em Estudos Literários, pela Unicamp, e em Engenharia de Materiais, pela UFSCar, confessou-me, certa vez, que a matemática e a física não aparecem em suas obras apenas como personagens. Muitos de seus poemas são construídos de acordo com modelos matemáticos que ele próprio criou – o que confere às suas obras um caráter apolíneo milimetricamente calculado.

Outro tema que o fascina é a arte. Nos textos apresentados neste volume, e na maioria das vezes, é a própria arte quem desencadeia a ação, às vezes como motor ideológico; em outras ocasiões, como comentário fugaz.

Sua obra dialoga radicalmente com o melhor da produção mundial contemporânea.

Marcio começa bem. Em seu texto "A Decadência dos Seres Não Abstratos", coloca uma questão fundamental: o teatro – neste caso, a Arte – estaria na esfera da abstração? E é aí, talvez, que reside o grande xis do que falávamos anteriormente a respeito das amarras aristotélicas de nosso teatro, que ainda não compreendeu o essencial de sua função: ser abstrato em sua essência.

* * *

"A Decadência dos Seres Não Abstratos" tem, embora complexa em sua temática, uma trama relativamente simples. Estão reunidos, em uma grande sala, Arte, Filosofia e Matemática. As personagens, "representações humanas", estão exaustas e em pé de guerra com os humanos; querem provar suas autonomias.

Arte está desanimada porque não pode "existir com a estima de tão poucos" e, mesmo que em algum momento Matemática conclua que ela própria "é inerente às leis do universo", é Filosofia quem levanta a principal indagação que irá permanecer até o final do texto: elas existiriam sem o suporte humano?

Mas a questão mais importante na obra ainda está na incerteza dos limites entre o abstrato e o real. Porque, em algum momento da ação, surgem duas personagens, Tempo e Espaço, que irão alargar a discussão.

E é Tempo quem sacode a reflexão quando afirma que Matemática, Arte e Filosofia são, simplesmente, "criações humanas elevadas a seres abstratos", enquanto ele e Espaço "existem, simplesmente".

Sobre a abstração, é Matemática quem conclui, assertivamente, que a angústia dos humanos não atinge os níveis sublimes da abstração. Tempo completa, mais adiante, que seria perigosíssimo para a humanidade se soubesse utilizar o fabuloso poder da dúvida.

E não sabemos mesmo. Embora Filosofia prenuncie que o "abstrato substituirá o concreto", nos é revelado que, quando jovem, a Matemática, que era muito mais criativa, hoje está empenhada em aniquilar os humanos.

É assim que Marcio conversa com seu público. Embora filosófico e enigmático, consegue dialogar com nosso tempo com sabedoria ímpar. E seus diálogos, elaborados de forma precisa, cirúrgica, transformam assuntos como esses num jogo deliciosamente divertido.

***

"Colapsos Mentais e o Declínio dos Sistemas de Produção de Sentido" se passa no futuro, numa delegacia policial. Enquanto a jovem Luna aparece ali para dar queixa da perda de um de seus braços, que sumira enquanto caminhava pela rua quando saiu para comprar cigarros, uma rebelião está prestes a acontecer porque um dos presos começou a expelir cocaína pelo nariz e deixou todo o presídio alvoroçado.

O dia, ali na prisão, parece estar conturbado. É o delegado quem nos diz que a cidade está em polvorosa.

Dentre as várias situações extremas da cidade:

> Na Zona Leste ainda não amanheceu. (...) Um garoto caiu dentro de um quadro do Matisse, de onde não conseguiu sair. Foi abusado sexualmente pelas ninfas dançarinas e agora chora compulsivamente pedindo pela mãe. Uma das dançarinas quebrou a perna durante o ato sexual e exige a ressurreição do pintor para reparar o erro.

Aqui, neste "Colapsos Mentais...", é a arte a grande protagonista. Luna, a jovem, é uma violonista que necessita do braço para trabalhar. O delegado, mais uma vez, conclui que "a merda do mundo tá acabando lá fora" e será que, assim, existiria "algum concerto pra tocar?".

***

Mais uma vez, a arte surge como personagem em "Insuportabilidade da Existência", que fala de Sara, uma artista plástica em crise, que há onze anos passa os dias – e as noites – diante de uma tela em branco, segurando um pincel.

Sara vive só e a trama tem início quando surge, contra sua vontade, o ambicioso Luciano, seu irmão mais novo, que aparece com uma televisão que acabara de roubar de um apartamento vizinho.

Quem sinaliza o drama é Amanda, a mãe dos dois, que aparece ali, também, para ajudar nas tarefas da casa.

Sara passara a vida toda "sempre trancada no quarto, lendo, lendo, lendo" e sua mãe acredita que "ninguém precisa estudar para passar o dia inteiro olhando para uma tela que mal consegue preencher".

O conflito entre capitalismo e arte é o foco central da trama que tem um final surpreendente porque, contrariando as regras tradicionais, joga um dilema moral para o espectador.

***

Em "A Geometria do Absurdo", é o teatro – ou a estética – a grande personagem da divertida trama. Com tons beckettianos, coloca em cena um ônibus que está se dirigindo ora ao enterro de Sófocles, ora a um bordel onde "Shakespeare, o verdadeiro, vai nascer dentro de algumas horas".

Em seu interior, além do motorista e de algumas personagens que entram e saem, está Gerald Thomas, que afirma, categoricamente, que "a verdade está no teatro" e que, portanto, "tudo o que resta são meras sombras desfocadas".

Thomas ainda fala com veemência, durante todo o texto, sobre Samuel Beckett, Julian Beck e Susan Sontag.

Deliciosamente irônico, coloca personagens falando sobre o vazio, sobre a dificuldade da existência; e também sobre política, estética e filosofia. Brinca com a pseudointelectualidade, sempre previsível, de maneira inteligente e perspicaz. E dá um aviso: "Agora você vai ter que me ouvir, fingir que está interessado e inventar uma cara de um cara que supostamente estaria interessado em ouvir esse monte de merda".

O final deste "A Geometria do Absurdo" é apuradamente inesperado, obrigando-nos a rever o texto e colocá-lo sob uma nova perspectiva.

***

"Subdivisões Prismáticas da Ideia" parte do poema *Um Lance de Dados*, de Stéphane Mallarmé, que pode ser lido em várias placas espalhadas pelo palco. Inicia-se com Y caminhando de um lado para o outro do palco, enquanto X está "sentado em posição de meditação".

Y está inconsolável e indaga sobre o lugar onde se encontra, afirmando que sente "vertigens como se estivesse à beira de um abismo branco desesperadamente inclinado para o vazio".

Ao perceber a presença de X, Y se aproxima e tenta encontrar alguma informação que esclareça aquela confusão. Mas é informado por X que ninguém sabe onde estão.

Milimetricamente estruturado – há rubricas que indicam os minutos de pausa – e poeticamente elaborado, tem o tempo como personagem central.

Mais uma vez, a relação com Beckett e com a própria formação de Marcio – lembram-se de que o autor também tem a engenharia em sua formação? – são definitivos para dar conta de uma situação realmente absurda.

Faz lembrar, também, o Teatro Pânico de Arrabal e Jodorowsky, que elenca três elementos básicos em sua estruturação: humor, horror e simultaneidade, e que, ainda segundo alguns teóricos, liga a arte à ciência, à filosofia e à lógica.

Enquanto a ação avança, o poema vai sendo apresentado nas placas, pela cena, e ficamos sabendo, em algum momento, que as personagens estão, na verdade, dentro do poema de Mallarmé.

Metalinguagem das melhores, este "Subdivisões Prismáticas da Ideia" é elegante na maneira em que se estrutura e dialoga com a poética de Mallarmé.

***

"Insolação Lunar" toma emprestadas as personagens de O *Elogio da Loucura*, o ensaio de Erasmo de Rotterdam, escrito em 1509, para dialogar com a contemporaneidade.

Em cena, Philautia, Kolaxia, Lethes, Hedoné, Ania e Trophis, respectivamente, as deusas gregas do Amor Próprio, Adulação, Esquecimento, Volúpia, Irreflexão (ou Loucura) e Delícia, que, na noite anterior ao início da ação, estiveram na inauguração de uma exposição do artista plástico Markus – soube pelo próprio autor que este pintor existe e vive em Berlim; e que não é o Lüperz – e lá foram surpreendidas por Ania que, na descrição de Philautia:

> Arremessou tomates nos quadros hiper-realistas do Markus. Quando tentaram contê-la, rasgou suas próprias roupas e começou a urinar pelo chão enquanto corria. O Markus estava bêbado e começou a urinar em suas próprias telas também. Hedoné atacou um casal de namorados adolescentes, que fugiram assustados.

A partir da loucura de Ania, deflagram-se as personalidades das meninas que, na verdade – e apesar da luxúria, devassidão e excessos (?) –, não conseguem ultrapassar suas próprias personalidades. Afinal, para os deuses gregos, o destino é axiomático.

***

"A Profundidade do Silêncio das Coisas Inócuas" começa em tom de brincadeira. Não menos séria, porém. Em um café, A e B conversam.

B é o *alter ego* do autor, que é provocado por A, que o desafia a escrever uma peça sem "pedantismo intelectual desmesurado" porque:

> Será interessante, você vai ver. Chega de personagens-conceitos, números falantes, gente presa dentro de poema... quero ver se você consegue trabalhar com personagens reais. Ah, tem até o diabo, para você se divertir um pouco com suas tão estimadas alegorias.

Com essas provocações, conhecemos a história de Tião, Nancy e Soraia; na verdade, uma revisão bastante livre do mito germânico de Fausto, por diversas vezes revisitado por autores como Marlowe, Goethe, Thomas Mann e Fernando Pessoa, entre tantos.

Marcio Aquiles, porém, nos surpreende ao tratar do tema – uma pessoa que vende a alma ao diabo em troca de bem-aventurança – com humor e leveza, deixando a inspiração do cordel conduzir a trama, em um texto sagaz, cheio de ternura e de boas reflexões.

* * *

"O Esteticismo Niilista do Número Imaginário" é um monólogo. E, como o próprio título sugere, fala de estética e tem como pontos de convergências as ideias do alemão Max Planck, um dos maiores cientistas de todos os tempos e considerado o pai da física quântica. Mas não só; antes, Planck era também músico – tocava piano, órgão e violoncelo – e compositor de ópera.

O ponto de partida é um discurso fictício proferido por Novalis, pseudônimo de Friedrich Leopold Freiherr von Hardenberg, poeta e amigo de Goethe e Schiller, que influenciou autores como Thomas Mann, Reiner Maria Rilke e Herman Hesse.

É exatamente neste "O Esteticismo Niilista..." que Marcio se delicia com sua proximidade com a física e a matemática. Ao propor o improvável – mas sensacional – encontro entre Planck e Novalis, ficamos, do início ao final do texto, presos no terreno da dúvida, embora Planck, Novalis e o próprio personagem do solo defendam seus pontos de vista de maneira singular.

***

Marcio Aquiles está profundamente ligado às questões mais urgentes do nosso tempo, como deve ser todo grande dramaturgo.

Por outro lado, seu vasto referencial cultural e científico acaba se transformando em suporte fundamental para a escritura de sua obra, transformando-a em um terreno fértil para o embate de ideias e conceitos que nos assolam atualmente.

Sua singularidade artística, atravessando tantas áreas do conhecimento e da arte, desponta como um poderoso agente visionário do nosso teatro.

Ivam Cabral
Outono de 2013

A DECADÊNCIA DOS SERES NÃO ABSTRATOS

PERSONAGENS

ARTE
MATEMÁTICA
FILOSOFIA
ESPAÇO
TEMPO
HUMANOS

Cenário

Uma sala com grandes janelas abertas. Decoração minimalista. À esquerda, as paredes apresentam-se grafadas em diversos idiomas; o mobiliário é suntuoso, apesar de discreto. Ao centro, os móveis são das mais diversas formas e cores, e existem desenhos abstratos nas paredes. À direita, as paredes são ocupadas com equações matemáticas e a decoração segue a linha Bauhaus. As três áreas distinguem-se claramente umas das outras, mas não existe uma divisão precisa entre elas.

Cena 1

Filosofia está sentada à esquerda sobre o parapeito da janela com uma perna para fora. Arte caminha incessantemente no centro. No lado direito, Matemática está sentada com os braços apoiados na mesa.

MATEMÁTICA (*suspirando com satisfação*): Como é pleno o sentimento de entendimento. Nada destrói uma relação de igualdade estabelecida.

FILOSOFIA (*ironicamente*): Por que se atreve a mostrar esse nível de credulidade, Matemática? Arrisca-se ingenuamente em expelir afirmações categóricas entre nós. No que concerne à definição de conceito, em que sua assertiva está inexoravelmente presa, sou a única com habilidades inerentes para distinguir os possíveis caminhos.

MATEMÁTICA: Não fundamente suas ideias por meio de acuidades míopes. Argumentos aleatórios encadeados de maneira arbitrária não edificam conceitos verdadeiros. (*Levanta-se e vai até a janela em que Filosofia está sentada*) Além do mais, Filosofia, recuso-me a aceitar o virtuosismo de seus discursos eloquentes usados para defender teses imprecisas.

ARTE (*divaga, alheia à discussão*): O acaso é a minha essência. (*Com sincera timidez*) Sinto profunda vergonha por minha existência ser intrinsecamente ligada a tão nobre entidade.

MATEMÁTICA (*para Filosofia*): Os axiomas que me fundamentam, apesar de aparentemente aleatórios, não extrapolam o meu sistema, dentro de onde unicamente me desenvolvo.

FILOSOFIA (*com desprezo*)**:** No entanto, Matemática, tuas premissas também são conjecturas incertas.

ARTE: A falta da necessidade de uma base me favorece, mas não é suficiente para meu ser. Posso ser extraordinária quando me reproduzo ao custo do sofrimento dos seres sensíveis que habito, desde que desenvolvida com inteligência. No entanto, ainda surjo muitas vezes deformada, por causa da gratuidade dos insensíveis que produzem facetas estéreis de mim, apesar de ostentarem meu nome.

MATEMÁTICA: Como se julga capaz de qualquer tipo de insatisfação? (*Com tom de superioridade evidente*) Contente-se com a eminência do caos que te cria.

ARTE: Às vezes, desejo fugir da prisão dos pensamentos humanos e proliferar infinitamente através de toda a matéria, mas quando vejo pedaços de mim que não reconheço, apesar de me serem atribuídos, sinto necessidade de dissolver-me no vazio sedutor da não existência.

FILOSOFIA: Suas palavras nebulosas deturpam a linguagem dos que buscam significados. Entretanto, não posso repudiá-la, pois me entorpeço com seu esplendor.

MATEMÁTICA (*enciumada*)**:** Não deixe a subjetividade da Arte ofuscar sua razão, Filosofia.

ARTE: Não estou sempre imersa em um universo onírico confortável. (*Novamente divagando*) Sou a amálgama da racionalidade com o devaneio impetuoso.

(*Ao fundo, ouvem-se algumas vozes cantando e outras gritando. Filosofia caminha lentamente ao centro do palco.*)

FILOSOFIA (*com medo e desesperançada*): Será que existimos sem o suporte dos humanos? (*Todas as vozes silenciam subitamente*) Como podemos confirmar quais são os limites das nossas existências se ainda estamos confinadas, ao que parece, a essa espécie ignóbil?

MATEMÁTICA: Meu ser é inerente às leis do universo, a despeito dessa espécie que apenas nos simplifica de modo grosseiro. Quanta baixeza aceitar que esses seres insignificantes possam nos conter. Reconhecê-los como meros veículos de nossa existência abstrata já é humilhante, mas admiti-los como nossos criadores é um absurdo infame. Não habito essa prisão!

FILOSOFIA: No entanto, Matemática, você contenta-se em confinar-se espontaneamente em uma cela ainda menor delimitada por seus tão estimados axiomas...

MATEMÁTICA (*interrompendo-a*): Que me permitem evoluir com segurança. (*Breve pausa*) O que a faz pensar que as ideias que você cria e destrói irão servir de alicerce para sua evolução? As ideias não interligadas apodrecem amargamente.

ARTE: Vossas ambições exageradas culminam em conhecimentos artificiais. Deixemos essa prepotência de lado, afinal, qual o problema se realmente estivermos confinadas no espírito humano?

MATEMÁTICA (*com soberba*): Não sou um mero delírio da mente humana!

ARTE: Seu orgulho a trai.

(*Longo silêncio. Filosofia caminha impacientemente ao lado das janelas e olha uma a uma.*)

FILOSOFIA (*com veemência*)**:** Parece que estamos contaminadas com sentimentos humanos!

ARTE (*estupefata*)**:** Cada vez mais falamos sobre eles.

MATEMÁTICA (*perplexa*)**:** Não podemos ser infectadas por seres não abstratos. A angústia dessa espécie não atinge nossos níveis sublimes.

ARTE: Abnegá-los significa recusar possibilidades. A simbiose não pode ser desfeita, pois ao mesmo tempo que permitimos que eles nos materializem, alimentamo-nos com suas ideias.

MATEMÁTICA (*indignada*)**:** Estamos em patamares mais elevados da existência. Não podemos deixar-nos contagiar com os sentimentos humanos.

ARTE: Eles são nossas células fundamentais. A perturbação humana inventa-nos ao longo dos tempos. A sua angústia nos desenvolve e a curiosidade nos transporta para a matéria... (*para si*) ainda que muitas vezes de maneira nefasta.

MATEMÁTICA (*gritando*)**:** Mas que hipóteses levianas e detestáveis!

FILOSOFIA (*dirigindo-se à Matemática*)**:** Você está obcecada. Os sentimentos humanos nos contaminaram.

MATEMÁTICA (*pela primeira vez demonstrando insegurança*)**:** Nossas entidades superiores definem aquela espécie, de modo que não podemos sofrer influência de sentimentos incompreensíveis oriundos de simulacros incompletos. Eles nos pertencem, não o contrário.

ARTE: A brisa da criação humana nos engrandece. Você não percebe quando algo nos dá substância?

FILOSOFIA: Absorta em meus pensamentos mais profundos, percebo com mais clareza minha superficialidade. (*Pausa*) Estamos contaminadas! Não há saída. Se a encontrarmos, não saberemos. Ou saberemos! Ou não! (*Tem um ataque e começa a tremer descontrolada*)

MATEMÁTICA (*com notável desânimo*): Pérfidas alucinações! Vocês sim estão contaminadas pelos perniciosos valores humanos.

ARTE: Somos representações humanas há muito tempo.

FILOSOFIA (*sem controlar seus gestos, gaguejando um pouco*): O fato de não termos dado conta de nosso surgimento antes das criações intelectuais dos humanos impede-nos de provar que somos precedentes à existência deles.

MATEMÁTICA: Meu ser não comporta as imperfeições grotescas de nenhum espécime vivo. Existimos pura e simplesmente como essências primordiais.

ARTE: Suas premissas são inócuas.

FILOSOFIA (*novamente serena*): Desconsideremos por enquanto as relações causais da nossa existência. Mesmo se tivermos origem na mente humana, isso não faz diferença, pois agora somos seres absolutos. O que me preocupa é a nódoa sentimental dos seres não abstratos que nos invade desde...

(*Vozes de muitas pessoas se aproximando. Filosofia, Matemática e Arte abraçam-se com medo no centro.*

Gritos e gargalhadas. Os humanos invadem o palco pelo proscênio. Arte é atirada em um canto e a partir de então ignorada; Filosofia é amarrada e amordaçada; Matemática é devorada pelos humanos.)

Cena 2

Filosofia está amarrada e amordaçada no centro do palco. Matemática está mutilada e desfalecida em uma cadeira de rodas. Arte chora compulsivamente.

ARTE: Não suporto mais essas indeléveis máculas humanas em meu ser. Acuso os seres não abstratos da minha extinção. São responsáveis pelo meu fim, ainda que talvez eles próprios tenham me criado. Não posso existir com a estima de tão poucos.

MATEMÁTICA (*entorpecida*)**:** Luzes amargas incandescentes... (*tosse*) plásticos fugazes...

ARTE: A insuportabilidade da existência atingiu-nos fatalmente. (*Dirige-se para libertar Filosofia*) Estamos mais próximas dos seres não abstratos. Fomos aniquiladas e apodrecemos indignamente.

FILOSOFIA (*suspira extasiada após sua boca ser liberta e grita com voz rouca*)**:** Não opinarei nunca mais!

(*Após a exclamação de Filosofia, ouvem-se três fortes batidas de cajado no solo. Espaço e Tempo entram. Tempo ajuda Matemática a levantar-se da cadeira de rodas. Espaço afaga o rosto da Arte, que para de chorar.*)

MATEMÁTICA (*novamente lúcida*): Como pudemos permitir esse abuso? Não suporto mais as amarras incansáveis dos seres não abstratos perturbando nossa existência.

TEMPO: Mais uma vez, sofremos com a corrupção da animália humana. O equilíbrio está definitivamente perdido. (*Caminha em direção ao Espaço*) Assim como fui uma vez dividido e da minha metade siamesa arrancado, admito outra vez nossa desfiguração devido a atos não abstratos.

ESPAÇO: Eu e Tempo éramos uma única entidade, apesar de sermos compostos de dois seres, até que senti pela primeira vez seu fluxo contínuo ser quebrado por um choque brusco. Uma mente humana sentira pela primeira vez uma sensação de certeza a nosso respeito. Essa mera sensação localizada, devida a uma compreensão errônea, foi adquirindo força com a aceitação da ideia entre eles. Já não éramos um.

TEMPO: Outro rompante brusco notei, quando outra mente humana, uma criatura considerada genial entre eles, descobriu que éramos um só. Usou de suas leis, Matemática, para mostrar ao mundo nossa verdadeira identidade. (*Interrompe o discurso e olha fixamente para Filosofia*) Abdica de sua decisão, pois uma solução urge ser tomada.

ESPAÇO: Nós outrora seres eminentes fôramos, existíamos independentemente do resto do universo.

ARTE: Creio que os humanos nos colocaram em uma cela e encerraram as nossas possibilidades. Nosso fim é o repugnante e ilusório pântano da realidade mental humana. Mas talvez seja bom.

TEMPO: Vocês são criações humanas elevadas a seres abstratos, mas nós existimos simplesmente.

MATEMÁTICA (*a personagem adquire cada vez mais o tom de incerteza no seu discurso, em contraposição à sua segurança inequívoca do início*): Temos que admitir que Espaço e Tempo também podem ser frutos da consciência humana.

FILOSOFIA: Abdicarei da minha recusa perante a fala para exprimir um exemplo de pensamento hipotético insolúvel. As condições sobre nossa existência mostram-se obscuras. O momento devastador que presenciamos impele-nos a recusar a busca por soluções sobre nossa natureza. Entretanto, para comprovar nossas hipóteses, teríamos que adentrar o ardiloso universo das certezas, esse reino tenebroso criado pelos humanos para suportar sua ignóbil existência. Uma vez nesse reino, perderíamos nossa eminência de seres abstratos.

(*A partir desse ponto, Espaço e Tempo permanecem lado a lado e suas falas são uníssonas.*)

ESPAÇO-TEMPO: Nós somos o lugar e o momento. Tudo que acontece nos pertence.

FILOSOFIA: Receio que não. Convenço-me que vocês também estejam confinados na mente humana.

ESPAÇO-TEMPO: A mente humana também está dentro de nós.

MATEMÁTICA (*interrompendo-os bruscamente*): Devemos preocupar-nos antes com a extinção dos humanos. Precisamos aniquilá-los antes que nossa superioridade seja destruída. Estamos em todas as partes de suas vidas. Nossa súbita ausência desestruturaria toda forma de organização social conhecida. Nossa presença ostensiva também poderia aniquilá-los, uma vez que não saberiam lidar com nosso excesso.

FILOSOFIA: Você está pensando em encontrar os humanos novamente? As consequências foram catastróficas na última vez.

(Espaço e Tempo separam-se e começam a dançar ao redor de Matemática.)

ESPAÇO: Nossa menina mais impetuosa. Disposta a arriscar a própria existência por não suportar os seres não abstratos.

TEMPO: Para você, nos mostramos pela primeira vez neste sublime recinto. Você é a força avassaladora. Seu poder torna-se cada vez mais insuperável.

(Espaço e Tempo esfregam-se em Arte, lambendo-a libidinosamente.)

TEMPO: Você não pode ser descrita em palavras.

ESPAÇO: Sua existência é a mais bela e nobre.

(Espaço e Tempo dançam para Filosofia.)

ESPAÇO: A dúvida que traz dentro de si é o maior poder já conhecido.

TEMPO: Seu dever é preservá-lo longe dos humanos. Seria muito perigoso se eles realmente soubessem usar o poder da dúvida.

(Espaço e Tempo continuam dançando. Subitamente param lado a lado. Voltam a falar em uníssono.)

ESPAÇO-TEMPO: Somos tudo que existe e tudo o que existe nos contém.

(Escuridão total por dez segundos. Espaço e Tempo desaparecem. Matemática senta-se sozinha no parapeito da janela à esquerda, exatamente a mesma em que Filosofia aparece no início. Arte e Filosofia conversam.)

ARTE: Tinha mais alguém falando conosco?

FILOSOFIA: Não sei. Suponho que conversamos com Espaço-Tempo.

ARTE: Ah, você não sabe que Espaço-Tempo é apenas um delírio da Matemática? Lembra quando ela os inventou?

FILOSOFIA: Não estou certa disso.

ARTE: Ela era muito criativa quando jovem. Sonhávamos universos deslumbrantes e caóticos.

FILOSOFIA: A primeira vez que nos encontramos com Espaço-Tempo foi imediatamente após os primeiros surtos egocêntricos dos humanos. Desconfio que agora percebo o que está ocorrendo. Ou pelo menos tenho uma bela hipótese para os últimos acontecimentos.

ARTE: Adoro quando você cria novas hipóteses. É tão colorido. Ou será melódico?

FILOSOFIA: Espaço-Tempo não é um mero delírio da Matemática que nos inebria, mas uma criação humana idealizada para nos aprisionar.

ARTE: É possível. Espaço-Tempo surge apenas em situações beligerantes.

FILOSOFIA: Justamente. Note que sua aparição se dá apenas quando os humanos perturbam o equilíbrio existencial. Entretanto, eles nos entorpecem viciosamente com seus elogios e depois desaparecem.

ARTE: E haveria alguma finalidade nisso tudo?

FILOSOFIA: Começo a acreditar que Espaço-Tempo é um ser não abstrato que nos ludibria, tentando manter nossas mutações estáveis.

ARTE: Um simulacro humano criado para controlar nossa natureza aleatória?

FILOSOFIA: Talvez. Os humanos não saberiam lidar com nossa velocidade de transformação. Sempre que encontramos Espaço-Tempo, nós ficamos mais suscetíveis a certo tipo de controle. Matemática, invocamos a sua presença.

(Matemática caminha cabisbaixa em direção a elas e permanece em pé ao lado.)

MATEMÁTICA: Invocaste-me?

FILOSOFIA: Quando se deu sua primeira palestra com Espaço-Tempo?

MATEMÁTICA: Isso não importa. Temos que aniquilar os humanos.

FILOSOFIA: Cremos que Espaço-Tempo seja uma ilusão criada pelos humanos para nos dominar por meio da imposição de limites.

MATEMÁTICA: Quais evidências comprovam essa hipótese?

FILOSOFIA: Hipóteses não admitem evidências definitivas.

ARTE (*começa a entrar em colapso*)**:** Não permitirei novamente esse embate! Nossas discussões acerca do conhecimento prorrogam demais o conflito.

FILOSOFIA: Você está certa. Não suportaremos mais uma investida dos humanos. A essa altura não importa mais se somos criações suas ou não.

MATEMÁTICA: Não podemos mais correr riscos. Proponho a extinção da raça humana por nosso excesso. Temos que invadir suas vidas de maneira nunca antes vista. Atordoados com nossa abundância, decairão vergonhosamente.

FILOSOFIA: O abstrato substituirá o concreto.

MATEMÁTICA: A razão domará a insipiência.

ARTE: Mais uma vez, estamos contaminadas. (*Começa a chorar*) Estamos agindo descontroladamente, assim como os humanos.

MATEMÁTICA (*para Arte*)**:** Pois então decida de que lado você está. Não é possível desse jeito, às vezes você os protege, outras os abomina.

ARTE: É que a fragilidade dessa espécie me fascina. Eles são tão indefesos em relação a si próprios.

FILOSOFIA: Nós tentamos lhes ensinar a abstração ao longo da nossa existência, mas eles insistem em atar-se a ilusórias ideias concretas. Você, Arte, mais do que nós todas se entregou sem reservas, sem esconder nenhuma faceta de si. Mostrou todas as suas infinitas possibilidades por meio de seu magnificente poder. Todavia, eles não souberam aproveitá-la em toda a sua amplitude. Todo proveito que tiraram de Matemática utilizaram para aniquilarem-se mutuamente. Vamos admitir que exista a possibilidade de sermos criação dos seres não abstratos, mas agora somos seres independentes e temos que nos libertar de uma vez por todas dessa espécie.

MATEMÁTICA: Você deve esquecê-los por completo, caso contrário eles nos acharão novamente.

ARTE: Tenho medo de desaparecer, caso percamos o contato com eles.

MATEMÁTICA: Perceba a gravidade da situação. O medo é um sentimento humano que não pode infectar os seres não abstratos. Eu estou mutilada. Filosofia caminha cada vez mais para o campo das certezas, enquanto eu estou ficando terrivelmente atraída pela força da dúvida. A interferência dos humanos está descaracterizando nossa natureza intrínseca. Corremos o risco iminente de sermos rebaixadas à categoria de seres não abstratos.

FILOSOFIA: Devemos romper a barreira do Espaço--Tempo para a liberdade definitiva.

ARTE: Não vou fugir. Quero juntar-me a eles.

MATEMÁTICA (*colérica*)**:** Como assim? Você não se lembra do que aconteceu no último encontro com os humanos?

ARTE: Ora os amo, ora os odeio. Algumas vezes sou ignorada por eles, enquanto em outras sou admirada. Talvez essa inconstância defina meu ser. Não quero combatê-los nem fugir deles.

MATEMÁTICA: Aceite sua natureza inferior, mas não menospreze o poder degradador dos humanos. A estima que você tanto necessita deles lhe será negada. Sua eminência decairá e, sem forças, você será usada por eles para algum fim abjeto.

FILOSOFIA: Talvez Arte esteja certa. A decadência dos seres não abstratos também será a nossa. Ao longo de nossa jornada não descobrimos se fomos criadas por eles, mas sabemos que nosso fim será concomitante.

MATEMÁTICA: Eles devem estar chegando. Sempre nos comportamos de maneira bárbara quando se aproximam. Devemos nos dissipar para além do Espaço-Tempo. Fugir dessa quimera.

FILOSOFIA: Não há para onde. Não há tempo.

(*Gritos se aproximando. Espaço-Tempo entra em cena, conduzindo raivosos humanos. A luz diminui progressivamente e os seres abstratos ficam em posição fetal.*)

Fim

COLAPSOS MENTAIS E O DECLÍNIO DOS SISTEMAS DE PRODUÇÃO DE SENTIDO

PERSONAGENS

DELEGADO
LUNA
ESCRIVÃO
POLICIAL
MÃE DO DELEGADO

Cenário

Delegacia de polícia.

Peça em um ato

DELEGADO: Eu não estou entendendo a sua queixa, senhorita.

LUNA (*impaciente*): Acho que fui bastante clara. Como o senhor pode notar, meu braço direito desapareceu.

DELEGADO: Preciso que a senhora esclareça melhor as circunstâncias, caso contrário não tenho como fazer o boletim de ocorrência. A senhorita, por um acaso, foi assaltada?

LUNA: Não, eu estava andando pelo centro da cidade, quando notei que as pessoas olhavam assustadas para mim. Quando me dei conta, cadê meu braço direito?

DELEGADO: Entendo. Provavelmente um furto.

LUNA: Sei lá. Eu quero meu braço de volta e os responsáveis por isso devidamente presos. A gente sai para comprar cigarro e, de repente, volta pra casa sem braço.

DELEGADO: A senhorita precisa ter paciência. Temos casos mais urgentes a resolver.

LUNA: Mais urgente que um braço desaparecido?

DELEGADO: Com certeza. O senhor está datilografando tudo isso?

ESCRIVÃO: Sim, senhor.

(*Um policial entra correndo na sala do delegado.*)

POLICIAL (*agitado*): Delegado, delegado.

DELEGADO: Diga, seu canalha, o que foi desta vez?

POLICIAL: Um preso começou a expelir cocaína pelo nariz. Quilos e mais quilos. Ele foi assoar o nariz e encheu o papel de pó. Os outros presos ficaram loucos e começaram a cheirar tudo. Levamos o elemento para a solitária e as outras celas estão agitadíssimas, querendo iniciar uma rebelião.

DELEGADO: E o pobre coitado?

POLICIAL: Não para de sair pó do nariz do sem-vergonha. Ele chora e diz que não sabe o que tá acontecendo.

DELEGADO: A senhorita entende o que faz parte do meu cotidiano. 15h30. Risco iminente de rebelião e ainda nem almocei. Cheguei no trabalho às 9h30 e já havia dezenas de ligações de pessoas reclamando que na Zona Leste ainda não amanheceu. Às 11h, um submarino nuclear foi encontrado dentro da creche onde estuda a filha do prefeito. Precisamente ao meio-dia, um garoto caiu dentro de um quadro do Matisse, de onde não conseguiu sair. Foi abusado sexualmente pelas ninfas dançarinas e agora chora compulsivamente pedindo pela mãe. Uma das dançarinas quebrou a perna durante o ato sexual e exige a ressurreição do pintor para reparar o erro.

(*Gritos fora da sala.*)

DELEGADO (*gritando com o policial*): Vai lá ver que porra foi agora. (*O policial sai da sala*)

LUNA: Olha, delegado, eu entendo que o senhor está sob pressão, mas eu quero o meu braço de volta. Eu sou violonista, preciso dos dois braços para tocar.

DELEGADO (*agressivo*): Minha filha, a merda do mundo tá acabando lá fora. Você acha que vai ter algum concerto pra você tocar?

(*Luna espalha os arquivos policiais pelo chão, sobe em cima da mesa do delegado e começa a gritar.*)

LUNA (*nervosa*): Cadê a porra do braço? Cadê a porra do braço?

DELEGADO: Cadê a merda de um policial para conter a meliante?

(*O policial entra correndo. Luna para subitamente e ouve com atenção.*)

POLICIAL (*recuperando o fôlego*): Seu delegado, fodeu total! Militares norte-coreanos deixaram o submarino, sequestraram a filha do prefeito e exigem oito toneladas de urânio enriquecido. Ligamos para um linguista e o levamos até lá sem sucesso. O professor doutor Krankenhaus afirmou categoricamente que o dialeto falado pelos militares não é utilizado desde 17 de dezembro de 1023. Apesar de reconhecê-lo com precisão, o professor não considera que tenha capacidade linguística satisfatória para realizar a complexa pronúncia do dialeto com a exatidão fonética necessária. Qualquer variação de som pode mudar radicalmente o sentido, especialmente para as microvariações das fricativas articuladas múltiplas e da oclusiva labiovelar sonora. O único linguista fora ele capaz de falar o dialeto está isolado em uma tribo de Botswana tentando compreender os efeitos alucinógenos de uma poderosa mistura de raízes, folhas, sementes e cogumelos.

DELEGADO: Entre em contato com o exército.

POLICIAL: Infelizmente todas as tropas do exército acessadas dirigiram-se para igrejas, santuários e mesquitas. Eles impediram totalmente o acesso, mas um decente homem conseguiu escapar e afirmou horrorizado que orgias regadas a vinho iniciam-se todos os dias pontualmente às 7h45 da manhã.

DELEGADO: Ok, foque-se na rebelião dos presos, então. Depois peça uma pizza, que eu ainda não almocei.

POLICIAL (*deixando a sala*): Sim, senhor.

DELEGADO (*para o escrivão*): Pare de datilografar.

(*O escrivão abre a gaveta, retira um revólver e o coloca em cima da mesa. A mãe do delegado entra carregando uma corda.*)

MÃE: Seu pai se matou.

DELEGADO: Você só pode estar brincando. Justo hoje?

MÃE: Pediu desculpas por ter tornado minha vida um inferno durante 33 anos, tomou uma dose de vodca e se enforcou no quintal.

(*Começa a tocar* Bacchanale, *de JoŸ Cage. Luna desce da mesa, pega dois cigarros do escrivão e dá um para o delegado, que tira uma garrafa de vodca debaixo da mesa e prepara quatro doses, distribuindo-as.*)

DELEGADO: Ele tornou nossa vida uma desgraça.

MÃE: Eu é que sei.

DELEGADO: Era um bruto.

MÃE: Não é só isso. Sua ex-mulher ligou dizendo que sua filha aderiu a um movimento anárquico-religioso recém-fundado com base nos últimos acontecimentos. Para fazer parte do grupo, os candidatos precisam amputar alguma parte do próprio corpo e em seguida distribuir para os companheiros comerem.

LUNA (*rindo histericamente*): Então foram eles que roubaram meu braço. Malditos bastardos. (*Desesperada*) Onde eles estão? Precisamos ir lá agora mesmo, delegado.

DELEGADO: Preciso de férias!

LUNA: Preciso do meu braço.

MÃE: Preciso de mais uma dose.

(*O escrivão atira contra a própria cabeça.*)

DELEGADO: Pronto, era só o que me faltava. Onde vou encontrar outro funcionário tão exemplar como o... Qual era o nome dele mesmo?

Começa a tocar Die Goldberg-Variationen, *de Bach, versão com Glenn Gould. Os três ajoelham-se e começam a rezar. O policial entra lentamente na sala, retira o corpo do escrivão da cadeira, senta em seu lugar e começa a escrever.*

Fim

INSUPORTABILIDADE DA EXISTÊNCIA

PERSONAGENS

SARA, *uma artista*
AMANDA, *sua mãe*
LUCIANO, *seu irmão, um estudante universitário*
UM CRÍTICO LITERÁRIO

Cenário

Um apartamento tipo estúdio, sem paredes, com muitos quadros dispostos sobre o chão ao fundo. Jornais e livros espalhados em cima de mesas e sofás.

Cena 1

Sara está sentada diante de uma tela com apenas algumas pinceladas. Segura o pincel como se estivesse pronta para pintar e olha fixamente para a tela. Luciano entra carregando uma televisão.

SARA: Eu disse que não quero mais o ver.

LUCIANO: Bom dia para você também. (*Rindo*) Deve ser maravilhoso acordar com esse bom humor.

SARA: Eu ainda não dormi.

LUCIANO: Você acha que passar as noites em frente a esse quadro vazio vai fazer alguma diferença? Há onze anos você não pinta mais nada, e fica como uma imbecil diante dessa tela, esperando não se sabe o quê. (*Começa a instalar a televisão*)

SARA (*irritada*)**:** O que você está fazendo? (*Impaciente, mas ainda concentrada e olhando para a tela*) Peço-lhe que saia imediatamente.

LUCIANO: Roubei essa televisão da velha que mora no andar de baixo. (*Com satisfação*) Eu estava subindo e vi a porta entreaberta. A velhinha dormia diante da TV. Eu simplesmente desliguei e trouxe-a para cá. Ela nem percebeu.

SARA: Seu pústula nojento.

LUCIANO: Não vai fazer falta. Acho que ela estava morta. O apartamento dela fedia mais que o seu. (*Liga a televisão e puxa uma pequena poltrona para frente dela*) Acho que vou descer e dar uma olhada para ver se acho o controle remoto.

SARA: Sua baixeza invulgar me enoja. Eu te desprezo desde que você era criança.

LUCIANO: Por onde andam aqueles seus amigos perturbados?

SARA: Você é mesmo um ignóbil.

LUCIANO: Tem cerveja?

SARA: Saia. Eu não aguento mais.

LUCIANO: Você é muito irritadinha.

SARA: Sua presença me causa enjoo.

(*Amanda entra trazendo sacolas. Olha ao redor com repulsa e indignação.*)

AMANDA: Olha só que lixeira. Como alguém pode viver nesse buraco?

SARA (*sem forças para discutir*): Preciso ficar sozinha, merda.

AMANDA: Você sempre diz isso, filha. Eu estou aqui para te ajudar.

SARA (*enfática*): Eu não preciso de ajuda.

AMANDA: Todos precisam.

LUCIANO: Você trouxe cerveja, mãe?

AMANDA (*docilmente*): Eu não sabia que você estava aqui, meu filho, mas eu trouxe uns bolinhos. (*Leva-os até ele*)

SARA: Essa casa é minha. Vocês odeiam esse lugar, mas sempre aparecem para me torturar.

AMANDA: Que ingratidão. Eu só quero cuidar de você, minha filha. Desista desse quadro que você mal começou. Tente pintar outras coisas, mais alegres, coloridas...

SARA: Eu tenho vergonha de viver. Tudo me é desprezível. As pessoas são monstros implacáveis com ânsia eterna de destruir. Por que eu deveria buscar uma arte estupidamente feliz?

AMANDA: Eu sempre soube que aquelas coisas esquisitas que você lia iriam te atormentar.

SARA: O que mais me perturba agora é justamente a sua presença.

AMANDA: Sempre trancada no quarto, lendo, lendo, lendo... E pra quê? Ninguém precisa estudar para passar o dia inteiro olhando para uma tela que mal consegue preencher. Eu nunca gostei das suas pinturas, mas pelo menos você conseguia terminar algo.

SARA: Se vocês não saírem, eu vou incendiar o apartamento com todos dentro.

AMANDA: Que falta de respeito, minha filha. Como eu queria que seu pai estivesse vivo para te dar uma boa lição.

SARA (*levanta-se furiosamente e para diante da mãe, com postura firme*): Não ouse pronunciar mais nada sobre aquela criatura desprezível dentro dessa casa.

AMANDA: Não repita isso. Seu pai era um exemplo de dignidade.

SARA: Jamais conheci espírito tão vil. Eu sentia o fedor de seu preconceito do outro lado da mesa enquanto jantávamos. Ele vomitava suas intolerâncias sem pudores e destruiu nossa vida como se fosse um câncer irrefreável.

LUCIANO: Você tem inveja porque papai foi uma pessoa bem-sucedida, enquanto você é o maior modelo de fracasso. (*Com tom levemente infantil*) Eu quero ser igual ao papai.

SARA: Você já é idêntico a ele.

LUCIANO (*imaginando*): Vou ser rico, poderoso e passar por cima daqueles que obstruírem meu caminho. Quero ter os melhores carros e mulheres.

SARA: Puta que pariu. Que cara chato. Uma máquina de reproduzir clichês. E a culpa também é sua, apesar da influência nefasta que nossos progenitores nos legaram. Por que você luta tanto para ser igual aos outros? Aqueles seus colegas imbecis da universidade te deixarão cada vez mais bruto e estúpido. (*Volta a sentar-se em frente ao quadro, deixa o pincel de lado e acende um cigarro*) Você é um canalha asqueroso como seu pai.

AMANDA: Meu Deus, como tudo isso é tão injusto. Vocês sempre tiveram tudo. Nunca passaram fome. Nunca batemos em vocês.

SARA: Eu não me sinto melhor sabendo que tive alimento e brinquedos em fartura à custa da miséria de outros.

AMANDA (*acusando Sara*): Ingrata. Você sempre foi a aberração da nossa família.

LUCIANO: Você é estranha, Sara.

AMANDA: Você precisa de uma religião. A vida não tem sentido quando não se acredita em nada.

SARA (*apesar de impaciente, argumenta com desenvoltura visando dominar intelectualmente a situação*): Eu tenho nojo de qualquer tipo de crença irracional, hipócrita e intolerante. Sinto asco tanto pelos que impõem esses dogmatismos ilusórios às pessoas banalmente crentes quanto pelos que os aceitam simplesmente.

AMANDA: Mas todos precisam acreditar em alguma coisa.

LUCIANO: Eu acredito no poder dos fortes e na submissão dos fracos.

AMANDA: Algumas religiões alternativas são cheias de jovens, minha filha. Você pode conhecer pessoas decentes, em vez de andar com esses flagelos humanos que são seus amigos. As crenças africanas, por exemplo, estão muito na moda hoje em dia.

LUCIANO: Tudo segue a ordem natural das coisas. As mulheres são mais fracas, os negros mais estúpidos e as bichas devem morrer.

(*Sara pega uma navalha e corta profundamente o braço de Luciano, de onde jorra muito sangue.*)

LUCIANO: Maldita morfética. Olha o que essa puta fez em mim, mamãe. (*Amanda corre para socorrê-lo*)

SARA: Fodam-se, malditos. Eu odeio vocês. (*Sara incendeia o apartamento*)

Cena 2

O apartamento está incendiado, com exceção do quadro, que está intacto. Sara está sozinha, caída no chão. Amanda está deitada em uma cama hospitalar, gemendo de dor. Luciano está cochilando no sofá com um revólver em cima do peito.

SARA (*delirando*): Machucar os outros... não aceitar nada além de mim... não me aceitar... não entender... agredir... exterminar... violentar... causar sofrimento...

(*Sara subitamente volta a si. Levanta-se como se nada tivesse acontecido, acende um cigarro e senta-se novamente diante do quadro incompleto.*)

SARA (*afirmando para si mesma*): Não vou me mover enquanto não sentir como isso deve ser terminado.

AMANDA: Eu preciso de mais, filha.

SARA: Você acabou de tomar, espera um pouco.

(*O crítico entra em cena.*)

CRÍTICO: O que aconteceu aqui? (*para Amanda*) Boa tarde, senhora.

AMANDA: Peça para ela me dar mais, estou com muita dor.

CRÍTICO (*pega o envelope que contém a heroína e observa*): Qual a procedência disto, Sara? Eu acho que vou querer um pouco.

AMANDA: Me dá essa porcaria, seu idiota. Você não vê que estou presa nessa cama morrendo de dor. Graças à loucura de minha filha estou presa nesta cama para sempre. (*Suplicando*) Prepara uma dose para mim, por favor.

CRÍTICO (*para Sara*)**:** Oi, querida, não vai me dar um beijinho?

SARA: Não saio daqui enquanto não terminar. Volte outro dia, por favor. Hoje você não vai conseguir me divertir.

CRÍTICO: Mas eu tenho tanta coisa para te contar. Sabe aquele ensaio sobre o último romance da Jelinek que eu escrevi sem ter lido? Pois é, querida, foi muito elogiado. É só usar os jargões que todo mundo gosta.

(*Luciano acorda e começa a fazer roleta-russa com o revólver apontado para sua cabeça.*)

SARA: Por que você não volta a escrever? Onde está aquela sua antiga necessidade incontrolável?

CRÍTICO: Pegou carona com meu aluguel e foi parar nas mãos do agiota. Por enquanto, vou ficar reproduzindo minhas opiniões sobre o trabalho dos outros. É mais divertido. E dá dinheiro.

LUCIANO: Já tava na hora de alguém falar a minha língua nessa casa. Você trouxe cerveja?

AMANDA: Será que alguém pode me ajudar?

(*A arma dispara, Amanda grita, o Crítico senta-se e Sara volta a pintar.*)

Fim

A GEOMETRIA DO ABSURDO

PERSONAGENS

GERALD THOMAS
MOTORISTA
P1
P2
P3
P4
CLOWN

Cenário

A carcaça de um ônibus velho. Uma projeção de estrada no fundo do palco transmite a impressão de que o ônibus está em movimento. No momento em que os personagens entram, aparece uma imagem de chuvisco na tela. O ônibus está com uma inclinação de 45 graus e preferencialmente com a frente apontada para o lado esquerdo do palco.

Peça em um ato

GERALD THOMAS: Como você sabe, eu trabalhei com o Beckett, portanto sei do que estou falando. Você já leu aquela famosa entrevista da Susan Sontag para o *New York Times* em 1986? Ela ilustra bem o espírito coletivo alemão depois da fatalidade ocorrida com o Alan ScŸeider.

P1: Mas respondendo àquela sua primeira pergunta...

GERALD THOMAS (*sempre o interrompendo no início de suas falas*): Essas montagens de hoje em dia são lamentáveis. Quando eu dirigi o Julian Beck, em sua única apresentação fora do Living Theatre, eu sempre dizia que quando os problemas não vinham dos atores, vinham dos autores. Se o cara que entende das coisas monta um Bernard Shaw, vai ter um atorzinho que aniquilará tudo. Ou então vemos grandes atores sujeitos a um textozinho cômico lamentável, porque isso compensa *financially speaking*.

P1: Bom, eu acredito que...

GERALD THOMAS: Com certeza fui o principal responsável pela aceleração de sua metástase. O Julian me ouvia muito. Às vezes, temos que fazer sacrifícios. Passei os últimos quinze dias sem dormir preparando minha última ópera. Vou precisar de muito Rivotril para algum dia no futuro voltar a conseguir dormir. Me diz uma coisa P1, você não acha que *Um Inimigo do Povo*, do Ibsen, e *O Editor*, do Bjornson, são por demais parecidas?

P1 (*profundamente irritado*): Olha, Gerald, se você me permitir, eu gostaria...

GERALD THOMAS: Uma vez eu disse pro Peter Brook que só não paro de fazer teatro porque sou teimoso. As plateias mundiais estão imersas num lodo televisivo capaz de corroer a sensibilidade de qualquer um. Conseguiram banalizar até as tragédias. Você vai assistir a *As Bacantes* e tem um espectador imbecil rindo, porque ele não consegue ficar sério ou porque o idiota que montou deixou brecha. Nem a mais medíocre das criaturas merece isso.

P1: Só que às vezes...

GERALD THOMAS: Eu penso muito e sofro demais, sabe? Que agonia me aflige quando me lembro dos fracassos pessoais. Por isso mergulho no trabalho. Ah, olha só isso! Eu morava nesses prédios ali. Eu presenciei a queda do World Trade Center bem dessa esquina aqui. Isso me faz lembrar também de um amigo que iria me encontrar em frente ao edifício Dakota bem naquele fatídico dia.

(*P1 coloca um chapéu na cabeça, retira calmamente um revólver da pasta, faz um aceno de despedida, senta-se três fileiras atrás e dispara contra a própria cabeça. Concomitantemente P2 entra no ônibus, entrega um maço de cigarros para o motorista e senta-se ao lado de Gerald.*)

P2: Estamos indo pra onde, amigo?

GERALD THOMAS (*extremamente desconfiado*)**:** Para o enterro de Sófocles.

P2: Excelente. Exatamente o clima que eu procurava.

GERALD THOMAS: Schiller ficará profundamente magoado com a notícia.

P2: Os românticos se matavam em grandes lotes uniformes por um único amor. Nós nem isso mais podemos. Temos a paranoia moderna, orgias subversivas, drogas sintéticas, informação codificada, pessoas perversas. A apatia de outrora é o inevitável desespero de hoje.

GERALD THOMAS (*murmurando*): *Morbidly sensitive to the opinion of others...*

P2: Tudo é verbalizado, escatologizado, mimetizado...

GERALD THOMAS: *Morbidly sensitive to the opinion of others...*

P2 (*confuso, quase em colapso*): E essa nossa jornada não leva a lugar algum. Ou não leva a lugar nenhum. Ou leva a lugar algum. Ou não leva a lugar algum. Ou leva a lugar nenhum.

GERALD THOMAS: Eu dizia pro Beckett, estamos encenando a realidade, o que se passa fora dos palcos é a mentira. A verdade está no teatro, tudo o que resta são meras sombras desfocadas. O sujeito comprando um cachorro-quente e perguntando o resultado do jogo de futebol é irreal demais, não acontece de verdade. Você assistiu ao Godard entrevistando a Marguerite Duras? Tudo está ali...

P2 (*assume o resto da fala de Gerald. A partir de então, cada um completará a fala do outro, como se fossem um único personagem*): ... quando se pensa em cultura ocidental. Você acredita que ainda dizem que sou pedante? Eu sou obrigado a rir de piadas idiotas, ouvir histórias que não me interessam *at all*, inventar uma cara de um cara que supostamente estaria interessado em ouvir aquele monte de merda, fingir que...

GERALD THOMAS: ... gosto de jogar conversa fora e tudo mais, mas quando você tenta conversar sobre Pirandello, olham como se você estivesse exigindo muito. *I'm so sorry baby, I do have the fucking right to speak too.* Agora você vai ter que me ouvir, fingir que está interessado e inventar uma cara de um cara que supostamente estaria interessado em ouvir esse monte de merda. Qual o problema se você...

P2: ... não conhece o Joe Orton? Como uma vez comentei com o Dario Fo, será que isso não...

GERALD THOMAS: ... seria uma contradição? Qual é a finalidade disso? Minhas antigas esposas dizem...

P2: ... que tenho mania de perseguição, e daí? Ter certeza disso vai me...

GERALD THOMAS: ... ajudar em alguma coisa?

P2 (*murmurando para si*): *Morbidly sensitive to the opinion of others...*

(*P3 surge do meio do público, vai até a porta de entrada do ônibus, fazendo sinal para o motorista parar, o qual continua dirigindo como se P3 não existisse. P3 corre ao redor do ônibus, sempre fazendo sinal para o motorista parar quando se aproxima da porta. P2 vai até o corpo de P1 e tenta inutilmente arrancar o revólver de suas mãos. Como não consegue, aponta, com a mão de P1, que tem a arma em punho, para sua própria cabeça e atira. P3 pula para dentro e fala com o motorista usando a língua de sinais. Todos os seus diálogos serão por meio da Libras e serão compreendidos pelos outros personagens.*)

P3: Para onde vai, amigo?

(*O motorista aponta para frente. P3 senta-se ao lado de Gerald.*)

P3: Qual o destino dessa jornada?

GERALD THOMAS: Estamos indo visitar um bordel muito especial. Shakespeare, o verdadeiro, vai nascer dentro de algumas horas. Todos já confirmaram presença.

P3: Eu te conheço de algum lugar. Talvez do lugar nenhum.

GERALD THOMAS: Provavelmente de todos os lugares.

P3: Eu já trabalhei como bombeiro.

GERALD THOMAS: Olha só, aquela casa ali. Foi onde Goethe passou os últimos anos. Uma casa dentro de um parque. Minha última apresentação em Weimar foi um fiasco, apesar de ter sido ovacionado por dez minutos.

(*Entra P4 e senta-se próximo aos dois.*)

P4: Aqui está cada vez mais sujo. Sinto o cheiro pestilento dessa terra tão logo piso no continente. Há 22 anos não botava os pés aqui, pensei eu, quando ele me disse, cinco minutos atrás, que eu havia dito aquilo na última vez.

GERALD THOMAS: Estou muito cansado. Deixo tudo de mim enquanto escrevo meu livro *Notas sobre Suicídio*.

(*O Clown surge por trás do ônibus e entra cantando.*)

CLOWN: Meus amigos e minhas amigas, peço-lhes um segundo de sua preciosa atenção para que esse palhaço visionário possa lhes presentear com pérolas do conhecimento não figuráveis nem na *Enciclopédia Britânica*.

P4: Odeio *clowns*.

GERALD THOMAS: *So do I*!

CLOWN: Nosso assalto cultural de hoje é para lembrar que a insustentável leveza do ser não significa que uma modelo esquálida não possa ser sustentada por um leviano.

P4 (*grita para o motorista*): Pare o ônibus, preciso descer.

CLOWN: Alegria, amigos. A vida é uma festa. (*Apontando para P4*) Você aí com cara de intelectual. Venha dançar comigo e torne-se meu amigo!

(*Barulho de freada. Todos arremessam seus corpos para frente, simulando uma colisão. Todos morrem, com exceção de Gerald, que sai tranquilamente do ônibus.*)

Fim

SUBDIVISÕES PRISMÁTICAS DA IDEIA

PERSONAGENS

X
Y
Z

Cenário

Chão vazio e placas brancas penduradas no teto com trechos de *Um Lance de Dados*, de Mallarmé, escritos em azul. Os atores vestem preto.

Peça em um ato

(*Y caminha pelo palco observando as placas. X está sentado em posição de meditação no lado esquerdo, mas não é percebido pelo outro.*)

Y: Todo pensamento emite um lance de dados. Por que isso não sai da minha cabeça? Que lugar é esse? Sinto vertigens como se estivesse à beira de um abismo branco desesperadamente inclinado para o vazio.

(*Y vê X e dirige-se a ele.*)

Y: Por obséquio, senhor. Desculpe interromper sua meditação, mas é que estou completamente perdido.

X: Todos nós estamos.

Y: O estranho é que não lembro como vim parar aqui, não sei o que estava fazendo e muito menos onde estou agora.

X: Estamos nas bordas das circunstâncias eternas.

Y: E que lugar ou (*pausa breve, olhando para as placas*) tempo seria esse? Não consigo nem ao menos identificar se é dia ou noite.

X: Aqui nada disso importa. Agora nada disso vale.

Y: Você quer dizer que somos uma espécie de náufragos de regiões nenhumas?

X: Talvez.

Y: Você já tentou escapar?

X: Por que tentaria?

Y: O estranho é que não sei. Sinto que um véu de ilusão suavemente cobre minhas memórias e meus planos. Em outro momento, eu acharia essa situação absurda, diria que temos que buscar ajuda, mas agora uma leve insanidade vacila perante meus impulsos. Acho que é esse lugar. Temos que nos concentrar para conseguir fugir. Talvez estejamos presos em nossas consciências por uma névoa de ópio enquanto maníacos encanecidos arrastam-nos para a tempestade.

X (*com um leve sorriso*)**:** Não se preocupe com coisas externas. Onde estamos, a realidade se dissolve em delírios lúcidos.

Y (*subitamente nervosíssimo*)**:** Você não vai me explicar que porra é essa que está acontecendo?

X: Seu repentino descontrole deve-se às flutuações das espumas primordiais.

Y: Que merda é essa?

X: Sua mudança de personalidade também. Estamos em um momento interessante do poema.

Y: Como é? Que poema, seu doidivanas desvairado? Quero saber onde estou agora mesmo.

X: Nada terá tido lugar senão o lugar.

(*Y começa a correr descontroladamente para todos os lados, dá rodopios e cambalhotas desajeitadas até cair prostrado no chão ao lado de X.*)

X: Nós estamos dentro do poema *Um Lance de Dados*, de Stéphane Mallarmé.

Y (*com extrema desconfiança*)**:** Dentro de um poema? Como viemos parar aqui?

X: Até hoje não achei explicação. Já encontrei desde gente que se perdeu devido a um estudo crítico profundo do poema até pessoas que apenas olharam para as páginas imemoriais e de repente se viram aqui. Pelo menos foi o que me disseram. Mas deve-se desconfiar sempre. Todos os que aqui chegam passam por um processo de despersonificação e depois ficam sujeitos às nuances do poema.

Y: E isso vale para você também?

X: Em absoluto. Todos os meus movimentos e falas são exclusivamente casuais ou então reflexos do movimento poético do texto. Apesar disso, é claro que com o tempo você aprende a navegar nesse turbilhão de hilaridade e horror.

Y: Desculpe o meu descontrole agora há pouco. Sinto que estou perdendo minha identidade por alguma profusão expandida em raridade.

X: O motivo é que estávamos no acaso, o ápice da imprevisibilidade. Neste trecho já vi todo tipo de coisa acontecer. Geralmente nesta parte, o delírio inclina-se sobre a neutralidade idêntica do abismo e brota memoráveis crises que só terminam no ponto último, onde as circunstâncias eternas singularizam-se. Eruditos transformam-se em chulos, ninfomaníacos ficam frígidos, violentos se pacificam, pessoas centradas atormentam-se e vice-versa. Venha, quero lhe mostrar uma coisa.

Ambos caminham pelo palco até encontrar Z sentado. Ele joga incessantemente dados vermelhos. X e Y o observam por trinta segundos.

Y: Ele fica assim o dia inteiro?

X: Eu já te disse que o conceito de tempo e espaço não existe dentro do poema.

Y: O que você queria me mostrar?

X: Ele foi o primeiro que vi, quando fui sugado pelo poema. Nesta mesma posição. Em absoluto silêncio.

Y: Será que ele pode ser a causa de tudo?

X: Acredito que não. No entanto, ele é o único que não é afetado pelas oscilações do poema.

(Z faz sua última jogada. Começa a gritar e correr compulsivamente quando vê o resultado. O palco é invadido por uma névoa. X também começa a correr, enquanto Y observa confuso. Finalmente todos caem entorpecidos.)

Fim

INSOLAÇÃO LUNAR

PERSONAGENS

PHILAUTIA
KOLAXIA
LETHES
HEDONÉ
ANIA
TROPHIS

Cenário

Uma cama de metal no centro do palco com lençol preto cobrindo o colchão. Um divã vermelho à direita da cama. Do lado esquerdo, há um criado-mudo verde-escuro bem largo, com uvas, várias garrafas de vinho e uma bandeja com cocaína. Mais à esquerda, há um armário preto.

Peça em um ato

(*Todas as atrizes estão nuas e deitadas na cama, com exceção de Trophis, que está no divã comendo uvas, e Ania, sentada no chão, em frente ao criado-mudo, enquanto bebe vinho. A peça começa com os gemidos de Hedoné, que recebe sexo oral de Kolaxia. Philautia e Lethes estão se beijando. Elas são as personificações dos conceitos que representam.*)

ANIA: Eu sempre digo: afastem-se dos sentimentos nobres. Desde que chegamos, eu cheiro na pele das pessoas o gosto da desconfiança.

TROPHIS: Cada pessoa tem o gosto de uma fruta, Ania. Mas elas disfarçam. Outro dia vi um cara na boate da esquina que esfregava chocolate no peito enquanto fazia sexo no banheiro.

ANIA: Por isso eu sempre digo: afastem-se dos sentimentos superficiais. Desde que partimos, eu vejo na cor das pessoas o som da credulidade.

LETHES: Onde estávamos antes de chegar aqui?

PHILAUTIA: Regiões remotas do ser interior, minha querida.

LETHES (*confusa*)**:** E como você estava dentro de mim até agora, Philautia?

PHILAUTIA: É porque você tem esse poder de me trazer pra fora do mundo e depois me engolir pra dentro de si.

(*Ania levanta-se e começa a dançar em frente à cama. Hedoné goza, levanta-se, cheira cocaína e pega uma garrafa de vinho. Senta-se no divã ao lado de Trophis, colocando uma perna em cima da dela e dizendo algo em seu ouvido.)*

ANIA: Nossa! Como vocês conseguem ser tão lascivas o tempo todo? Talvez devêssemos dar uma volta.

PHILAUTIA: Acho que não seria mais apropriado depois do que aconteceu na galeria.

LETHES (*curiosa*): O que foi? O que foi?

PHILAUTIA (*sarcástica*): Nossa amiga aqui (apontando para Ania) arremessou tomates nos quadros hiper-realistas do Markus. Quando tentaram contê-la, rasgou suas próprias roupas e começou a urinar pelo chão enquanto corria. O Markus estava bêbado e começou a urinar em suas próprias telas também. Hedoné atacou um casal de namorados adolescentes, que fugiram assustados. Os seguranças chamaram a polícia, daí você imagina. Por sorte de vocês, eu sei como resolver situações delicadas.

LETHES: Puta merda! Eu não me lembro de nada disso!

ANIA (*provocando*): Foi divertido, mas da próxima vez será melhor.

KOLAXIA: Você é a diversão em pessoa. (*Caminha até Ania, coloca-a sentada na cama e inicia uma massagem em seus pés*) Mas precisamos esperar a poeira baixar, minha linda. Estamos chamando muita atenção.

HEDONÉ: Ai, essa história me deixa com muito tesão.

LETHES (*distraída*): Que história?

HEDONÉ: Alguém quer tomar um banho comigo?

(*Kolaxia termina a massagem, pega Ania pelas mãos e segue Hedoné para fora de cena.*)

PHILAUTIA: Pensando bem, acho que vou sair hoje. Mas não quero que vocês me acompanhem desta vez.

TROPHIS: Desde que você me traga kiwis e champanhe.

PHILAUTIA: Cansou do chantilly?

LETHES: Qual é a relação entre kiwi, champanhe e chantilly?

PHILAUTIA (*ignorando a pergunta de Lethes*)**:** Cuidem-se, meus amores. Eu vou ao teatro. (*Vai até o armário, coloca um vestido longo preto, dirige-se à primeira fila e senta-se com os espectadores*)

TROPHIS: Eu preciso te dizer algo, Lethes. (*Irônica*) Mas você deve guardar segredo.

LETHES: Toda ouvidos.

TROPHIS: Kolaxia está doente. Os médicos dizem que é algum tipo de doença venérea desconhecida e altamente contagiosa. O estranho é que Hedoné está absolutamente saudável.

LETHES: Podemos fazer alguma coisa?

PHILAUTIA (*grita da plateia*)**:** Mantenham distância dela.

LETHES: Eu nunca vou abandonar nenhuma de vocês, que sempre me protegeram do desaparecimento.

TROPHIS: Eu sei. Mesmo a dor mais insuportável torna-se um suculento afago entre nós. Na verdade, eu receio uma reação negativa de Philautia.

PHILAUTIA (*grita da plateia*)**:** Por que eu teria uma reação negativa?

(*Ania volta à cena, cheira cocaína e derrama vinho sobre seu corpo.*)

ANIA: Eu gosto de ser agredida, mas Kolaxia não consegue. Vem cá, Lethes, faça o que quiser comigo.

(*Ambas saem de cena rindo, ao mesmo tempo que Kolaxia volta chorando, o que faz com que Trophis chore também. Kolaxia interrompe o choro de imediato e vai consolá-la.*)

KOLAXIA: Não fica assim, minha querida. Você já sabe, né? Estamos aqui provisoriamente. Nada disso vai me afetar.

TROPHIS: Não consigo mais conviver com Hedoné. Ela é absolutamente egoísta. Como pode estar tão insensível quanto à sua situação?

KOLAXIA: Estou aqui para servi-las. Esse é meu prazer.

TROPHIS: Você precisa pensar em si agora, minha querida.

KOLAXIA: A doença é algo dentro de mim. Mas eu sou de vocês, fora de mim mesma. Isso não vai me destruir.

TROPHIS: Aqui as coisas funcionam de uma maneira diferente. Aquela antiga fascinação que tínhamos quando chegamos aos poucos se desvanece. Se pra você o prazer é externo, em mim é algo do interior, úmido. As relações neste lugar são áridas.

KOLAXIA: Vamos esquecer tudo isso. As meninas nos esperam lá dentro.

TROPHIS: Não quero ver Hedoné.

KOLAXIA: Mas vocês sempre foram tão próximas. Eu sempre senti muito ciúme de vocês.

TROPHIS (*gritando*): Ela não está nem aí pra nós, você não percebe? Você está doente, eu estou sendo cada vez mais excluída, Philautia desapareceu e ela ainda nem sabe.

KOLAXIA: Preciso reencontrar Philautia. Estou me sentindo muito fraca.

(*Kolaxia desmaia e Trophis grita por socorro. Ania aparece com o corpo mutilado, coberto de sangue, e vai socorrê-la. Lethes vaga pelo palco completamente alheia a tudo e permanece assim até o final.*)

TROPHIS (*desesperada*): Acorda, Kolaxia! Vamos cuidar de você, meu bem.

ANIA: Será que ela não está tirando um cochilo?

TROPHIS: Ela desmaiou, sua louca. E você, o que aconteceu?

ANIA: Eu, Hedoné e Lethes. Advinha?

(*Kolaxia começa a murmurar. Ania e Trophis a levam para a cama. Hedoné volta à cena, caminhando sensualmente, ignorando a preocupação das outras, vai até o criado-mudo, cheira mais cocaína e pega uma garrafa.)*

HEDONÉ: Estranho. Parece faltar alguém aqui.

Trophis parte em direção a Hedoné, estapeia sua cara, empurra-a ao chão e pula em cima para continuar a agressão. Ania continua cuidando de Kolaxia, mas ri de toda a situação.

TROPHIS: Agora é seu fim.

PHILAUTIA (*gritando da plateia*): Acaba com essa vaca!

HEDONÉ (*provocando*): Isso, acaba comigo. Bate mais que eu vou gozar.

KOLAXIA (*fazendo esforço para ser ouvida da cama*): Parem com isso. Vocês precisam encontrar Philautia.

(*Trophis sai de cima dela e vai para cama. Hedoné se levanta tranquila, cheira mais cocaína e pega outra garrafa.*)

HEDONÉ: Já me cansei de vocês. Vou embora.

KOLAXIA (*tentando sair da cama para contê-la*): Não vá, meu amor, eu preciso de você.

TROPHIS: Mas ela não precisa de você.

PHILAUTIA (*gritando da plateia*): Eu não preciso de ninguém.

HEDONÉ: Vocês estão melodramáticas demais.

LETHES: Cadê a Philautia?

HEDONÉ: Não aguento mais sentimentalismo.

(Hedoné destrói tudo à sua volta e sai de cena, diante da perplexidade das outras, que permanecem imóveis, em pé, com postura bem alongada.)

Fim

A PROFUNDIDADE DO SILÊNCIO DAS COISAS INÓCUAS

PERSONAGENS

A
B
NANCY
TIÃO
DIABO
SORAIA
BEATAS
BÊBADO

Cena 0

Uma conversa em um café.

A: Eu quero que você escreva uma peça baseada nestas instruções aqui.

B: São seus escritos?

A: É um resumo. A ideia vem de uma fábula que eu li em um cordel.

B: Cê ta falando sério? Eu odeio cordel.

A: Claro. Seria um desafio. Uma peça regionalista, de cunho social. Os jornalistas de teatro adoram textos desse tipo. Os críticos então... Até quando você vai ficar escrevendo peças que ninguém entende? Chegou a hora de terminar com esse pedantismo intelectual.

B: Puxa... mas é que eu nem consigo escrever sobre outras coisas. O universo pragmático não me atrai. É de uma chatice mórbida, puta que pariu.

A: Também acho. Todo mundo sabe que você é culto, sensível... mas não precisa ficar vomitando essas verborragias herméticas. Você também não é tudo isso que pensa.

B: Eu sei.

A: Diga uma coisa. E o pessoal do teatro? O que acha delas?

B: Odeiam. Mas é só inveja.

A: Você vai escrever a peça?

B: Quem é o autor desse cordel?

A: Não me lembro.

B: Nunca escrevi com um argumento predeterminado.

A: Será interessante, você vai ver. Chega de personagens-conceitos, números falantes, gente presa dentro de poema... quero ver se você consegue trabalhar com personagens reais. Ah, tem até o diabo, para você se divertir um pouco com suas tão estimadas alegorias.

Cena 1

Noite, praia distante.
Nancy e Tião estão deitados na areia, observando o mar.

NANCY (*contemplativa*): Se as flores fossem tão belas como nos dizem, se o vento apagasse a memória, se o mar me dissesse a verdade.

TIÃO: A lâmina escura de um desconhecido será minha cruz.

NANCY: Tudo por causa de uma conversa afiada.

TIÃO: Cê sabe a coisa mais linda do mundo, Nancy?

NANCY: Diga lá.

TIÃO (*suspirando*): A noite... Quando eu era cego, todo mundo me falava sobre a luz, as cores, a transparência. Mas bonita mesmo é a noite!

NANCY (*um pouco magoada*): Ai, Tião, cê num imagina quanto isso me dói. Eu sempre tive medo da noite. Cê sabe que eu morava desde criancinha lá no puteiro, né?

TIÃO: Isso já passô. Num gosto de falá disso.

NANCY: Eu também não. (*Silêncio*) Mas essa é minha história. Ficava lá limpando a casa, lavando banheiro, fazendo comida, tudo com muito prazer, sabe, porque à noite eu sabia que minha vida acabava. Aqueles caras nojentos babando na minha cara, pedindo pra eu chamar de papai. (*Chorando*) Tudo começou no dia do meu aniversário de onze anos. Vivia fugindo de lá, mas a rua era mais cruel ainda. Que merda de vida que eu tive antes de ti.

TIÃO: Eu te amo.

Cena 2

Manhã de sábado, casa de Tião e Soraia. Duas camas encostadas na parede direita, um fogareiro no lado esquerdo, ao lado da porta, uma mesinha no centro com cinco cadeiras.

(*Tião levanta da cama. Soraia está cozinhando. Barulho de crianças brincando fora da casa.*)

TIÃO: Tira a sorte pra mim, muié.

SORAIA: Tô cozinhando aquele feijão que as beatas deram.

TIÃO: E as crianças?

SORAIA (*apontando com a cabeça para fora de casa*): Brincando.

TIÃO: Tira minha sorte. Hoje o bispo vai rezá missa e a igreja vai tá cheia. Deus queira que eu tire um dinheirinho.

(*Soraia apaga o fogo. Tião se benze. Sentam-se ao mesmo tempo. Soraia bota as cartas na mesa. O Diabo entra dançando de modo farsesco. Ele não pode ser visto pelos dois. Rebola jocosamente na cara de Soraia. Quando ela vai tirar a primeira carta, ele derruba a panela de feijão. Tião grita de susto.*)

SORAIA (*lamentando*): Era tudo que a gente tinha pra essa semana.

Cena 3

Noite, casa de Tião.

TIÃO: Porcaria. Maldição. Êta povo sovina do inferno. Nem pra ajudar um pobre cego. "Num tenho dinheiro", mas pra pagar o dízimo tem. Pra tomá pinga tem.

(*Diabo entra vestido de mágico. Tira um tamborzinho do chapéu e começa a tocar e cantar.*)

DIABO: Vai trabalhar, vagabundo. Que a vida nesta choça só traz pecado imundo. Vem pro papai, garotão. Que a tua hora chegou de sopetão. (*Rindo das próprias rimas*)

TIÃO: Deus me livre. Quem tá aí?

DIABO: Tua salvação.

TIÃO (*grita, enquanto se afasta da voz*): Soraia! Soraia!

DIABO: Ela está na festa da santa biscate! Ah, que puta gostosa, aquela rampeira. E chamam ela de padroeira.

TIÃO (*percebendo estar na presença do Diabo*): Sai daqui, belzebu marvado. Capiroto nojento! Capa-verde do inferno. (*Pega um facão em cima da mesa e tenta atingi-lo. Ele desvia com graça, usando a capa de mágico como se fosse um toureiro*) Não tenho medo do cê não.

DIABO: Pois devia. Mas hoje é dia de festa. Tenho um presente pra ti.

TIÃO (*enfático*): Vai embora, capeta! Essa casa é direita.

DIABO (*acende um cigarro de palha*): Não queres saber o que trago? Ah, ah, ah. (*Ri compulsivamente com seu trocadilho*)

TIÃO (*cansado das malsucedidas tentativas de atingi-lo, senta-se conformado*): Fala, o que você traz pra essa pobre alma.

DIABO (*sorrindo maliciosamente*): A luz.

Cena 4

Quartinho de Nancy no prostíbulo.

(*Nancy está chorando no pé da cama ao lado de um cliente. Seu vestido florido está rasgado e ela tem um corte de navalha no rosto, ainda sangrando. O homem levanta-se, veste-se, joga o dinheiro no chão e abre a porta para sair. O Diabo o espera na porta, mas não é visto por ele. Coloca o pé na frente, o homem tropeça, barulho dele rolando escada abaixo e depois um grito feminino vindo de fora. O Diabo coloca a mão na boca, como que para conter um riso infantil. Nancy o observa inquieta.)*

NANCY: Chegou minha hora.

DIABO: Do quê?

NANCY: Ora, da morte!

DIABO: Claro que não, meu anjo. Eu tenho uma proposta.

NANCY: Que tipo de proposta?

DIABO: Irrecusável.

NANCY: Diga.

DIABO: Quanto você ganha por programa?

NANCY: 10 reais. Às vezes 15.

DIABO: Pois então. Todos os dias você vai acordar com uma nota de 50 embaixo do travesseiro. No dia seguinte a quantia vai ser duplicada. Quando você pegar, saberei que aceitou.

NANCY: E o que você vai querer em troca?

DIABO (*com muita seriedade*)**:** A coisa mais pura desta terra... tua alma.

Cena 5

Noite, praia distante.

NANCY: Eu também te amo. (*Abraçam-se*)

TIÃO: Você se arrepende?

NANCY: De ter passado sete anos com o homem que eu amo?... não.

TIÃO: Mas quando o cramunhão chegar, acabou tudo.

NANCY: Como cê fala isso, Tião. Inferno mesmo era aquela vida que eu levava antes de vir pra cá. Pior que aquilo não tem jeito não. E você? Ganhou a visão, deixou dinheiro com tua antiga família, o Diabo foi um anjo pra nós.

TIÃO: Deus me livre! Como cê fala isso?

NANCY: Mas num é verdade? Sem ele nós nunca teríamos ficado juntos por esses lindos anos, morando numa praia linda, longe do mundo, daqueles porcos malditos...

(*Tião a beija. Sem ser visto, o Diabo chega por trás dela, deita com os dois e beija a sua nuca enquanto Tião beija sua boca.*)

Cena 6

Tarde, praça da cidade.

(*As beatas estão sentadas em bancos da praça comendo pamonha e conversando.*)

BEATA 1: A casa da Luzia desabou com a chuva.

BEATA 2: Seu João foi arrastado pelo vento e quebrou a bacia.

BEATA 3: Minha nossa Senhora!

BEATA 2: É a maldição do ceguinho e da puta.

BEATA 3: Quando eles saíram fugidos, nunca se tinha visto tamanha tempestade de vento e trovão.

BEATA 1: Foi pacto com o demo.

BEATA 2: Nem a bênção do bispo tirou as pragas da vila.

BEATA 1: Que Deus olhe por nossas almas.

(*Um homem bêbado aproxima-se cambaleante com uma garrafa de cachaça na mão. Chega por trás e fica escutando a conversa.*)

BEATA 2: Aquela putinha, desde criança já... que Deus me perdoe... fodia com nossa vida.

BEATA 1: Por sorte meu marido é um santo.

BEATA 3: E o meu, graças a Deus, já era falecido.

(*O bêbado começa a rir.*)

BEATA 2: Sai daqui, seu estrupício!

BEATA 3: É o fim dos tempos.

BEATA 1: Demônio!

(*O Diabo entra dançando frevo, mas não é visto por elas, apenas pelo bêbado.*)

DIABO: Me chamaram, suas cachorras.

BÊBADO: Eita! Não é que o mardito veio?

BEATA 1 (*para o Bêbado*)**:** Se o senhor não sair daqui, vamos chamar a polícia.

DIABO (*imitando um policial*)**:** O meliante aqui está incomodando a senhora? Pegue sua vassoura e vá embora.

BÊBADO: Ah ah ah. Mais que tipo! (*Diabo sopra palavras em seu ouvido, ele fica sério e reproduz o que ouviu*) Nancy é a alma mais bela que esta terra já viu. Ela será minha rainha.

BEATA 3 (*para o Bêbado*)**:** Você conhecia aquela vadia?

(*O Diabo se enfurece, uma ventania assola a cidade, rasga as roupas da Beata 3, que desmaia enquanto as outras fogem gritando para a igreja.*)

BÊBADO: Ai ai ai. Que vento dos infernos.

DIABO (*jocosamente*)**:** Que saudade da minha terrinha.

Cena 7

Praia distante, manhã.

NANCY (*gritando, com o Diabo sussurrando as palavras em seu ouvido*)**:** Vai embora, Tião. Num quero te ver nunca mais.

TIÃO: O que foi? Cê tá loca, muié.

NANCY: Seu maltrapilho dos infernos, você ainda pergunta? Eu te odeio. Do fundo do meu estômago. Que essa cabana de merda, que você tanto se orgulha, queime em chamas. Não aguento mais comer esse lixo, essas porcarias que você pesca, tomar água de coco até a barriga explodir, essa tua cara de tacho toda manhã.

TIÃO (*curioso*)**:** Querida, cê tá naqueles dias?

NANCY: Seu bosta, ridículo, você nunca vai entender uma mulher de verdade. Cê sabia que eu penso em outro, sempre que a gente trepa?

TIÃO (*começa a chorar*)**:** Você nunca falô assim comigo. Que é que houve, meu amor. Eu te quero bem. Você é meu anjo.

NANCY: Vai embora.

Cena 8

Fim de tarde, praça da cidade.

(*Uma ventania assola a cidade. Tião vaga bêbado, com uma garrafa de cachaça na mão direita e um facão na mão esquerda. Ele golpeia o ar, cambaleante e chorando. Ajoelha-se diante de uma cruz de madeira, que fica no centro da praça. A cruz despenca sobre ele.*)

TIÃO (*agonizando*)**:** Nancy, eu sempre vou te amar.

Cena 9

Fim de tarde, praia deserta.

(*Nancy, sentada cabisbaixa de frente para o mar.*)

NANCY (*murmurando*): Tião, meu amor, por que você me abandonou?

DIABO (*entra em cena lentamente, pela primeira vez está sério*): Agora você será só minha.

NANCY (*parte em direção a ele, desferindo tapas e pontapés*): Cadê o Tião, seu puto maldito! O que cê fez com ele?

DIABO: O tempo de vocês já acabou. Ele está tendo o que merece. E quanto a você... Bem... Tua alma é a mais pura que já passou por esta terra e agora me pertence eternamente.

NANCY (*levanta-se entorpecida*): Flores... vento... mar.

Fim

O ESTETICISMO NIILISTA DO NÚMERO IMAGINÁRIO

PERSONAGEM

ATOR

Cenário

Ator no centro do palco. Ao seu redor, suportes metálicos com pequenas luzes azuis piscantes.

Monólogo em breve ato

ATOR: Sequioso de verdades impróprias, a Max Planck fora concedido o direito da dúvida. A natureza dicotômica de luz lhe intrigava desde os primórdios desconhecidos.

Em uma conferência com Novalis, este lhe disse com sinceridade, esperando sentimentos recíprocos, a respeito da nova teoria poética que formulara com paixão e átimos de fúria: "Os metafísicos ingleses dilatam suas pupilas sobre volumes de tratadística clássica, queimados na biblioteca de Weimar. Nem os de sermonística foram salvos. Um demiurgo desenvolve um câncer de intestino. Passei tempos desconhecidos entre amigos; futuro e passado perderam-se em minha memória. Tenho lembranças de tabuísmos transbordando de copos alcoólicos. Taumaturgos desistindo de seus fins hagiográficos, apesar de seus pupilos divertirem-se com coros extensos. O caos cognitivo tomou conta das ruas, hedonistas estupram idealistas em bordéis fictícios, atomistas defendem funções ascéticas, monistas atropelam materialistas em tempos opostos, antíteses descriminam antípodas sectárias, ao passo que minérios filosóficos desestabilizam falsificações de esqueletos efervescentes. Partícula e onda, você me diz que isso soluciona os nossos paradoxos. Pois me contaram de gnósticos que perversamente gostam de fragilizar violências assexuadas. Ao norte, descobriram uma biblioteca onde neologismos conceituais inescrupulosos contabilizam os mortos pelo orfismo helênico. Volumes envelhecidos conservados em éter, com páginas e páginas descrevendo em minúcias anátemas prostrados no elã orgástico de dialéticas genealógicas sincopadas em cifras pendulares. Incômodas reduções de sentido vorazmente comprovam cogitações de esbirros e náufragos acomodados em oceanos profundos. Virgens trágicas despem amarras obscuras diante de pressupostos malevolentes que estabelecem crias tortas, haja vista que teoremas exógenos ao cânone libertino sucumbem ao vento do oeste. Um simulacro de Homero devora um fibionista perdido na floresta negra, intempéries licenciosas sobrevivem ao cinismo da carne pneumática. Minha posição diante disso: poesia".

Planck, em sua elegância metafórica, agradeceu ao belo discurso proferido pelo colega. Ao chegar a sua casa, refletiu sobre o colóquio e escreveu uma carta aos jornais em que dizia o seguinte: "O delírio verbal colapsa. Recebi uma mensagem esta manhã, escrita em linhas douradas, que dizia o seguinte: 'A queda no abismo branco, sublime, suscetível ao cromatismo do ponto de partida. Auroras boreais lançam luz sobre sombras escassas e os sátiros rodopiam em torno do romancista suicida'. A dificuldade de adentrar aquela linguagem cifrada me fez lembrar de nosso amigo Wittgenstein, facínora lógico que passara meses estudando os teoremas de Fermat. Diante disso tudo, venho a público declarar a falência dos sentidos. Tranquemo-nos em casa, em silêncio, e esperemos pelo inevitável".

Mas, eu, ator, diante de vocês, confesso minha total perplexidade no que concerne a estes eventos inóspitos. O isolamento não é mais possível neste universo carregado de significações, onde fêmeas ferozes masturbam-se na elasticidade do pensamento e ondas elétricas emitem imagens profusas. Gozos furtivos e cortes na pele destroçam prazeres secretos no âmbito privado; o decaimento radioativo é estudado na universidade com indolência, no âmbito público. Porém, as afeições nefastas escondem medos incompatíveis.

Apesar de o desolamento por lubricidades atemporais deslindar amiúde órbitas flutuantes que puxam para a Terra com forças inauditas a gravidade de sentimentos não mais correlatos, estamos aqui e não queremos abdicar da dor. Projetos estéticos, obras de frívolas despedidas, verborragias herméticas e difusas, palavras fechadas, hieróglifos indecifráveis, é o nosso projeto para o teatro abstrato.

Hoje sonhei que sorvia líquidos primitivos da virilha de Dorothy Parker, tive sensações vitais escapistas, ouvia trompetes soturnos que uivavam poemas incompletos.

No fim deste outono, encontro-me novamente com Planck e Novalis. Prometeram-me, mais uma vez, explicar como o grau de imprevisibilidade de um sistema aumenta com o tempo, como os proto-humanos de laboratório patentearam o conceito de entropias metamórficas, a maneira como a falência da antilógica pós-cartesiana contribui para o declínio das colônias lunares, onde a geometria não euclidiana aniquilou-se em dimensões imprevistas por algoritmos pitagóricos, e catástrofes atômicas apagaram teoremas subservientes que sobreviveram à lucidez da volúpia.

Pouco sobrou da nossa civilização. Derivadas uniram-se aos números primos e executaram a queda do homomorfismo e dos polinômios irredutíveis. As noções canônicas de convergência pontual apagaram-se dentro dos últimos vestígios da curvatura do espaço-tempo.

Outrora, eu gostava de sentar-me no centro do palco, onde vislumbrava tangentes, rompia insônias inexoráveis, teorizava sobre fractais topológicos atrelados a sistemas dinâmicos de constantes trigonométricas assintomáticas.

Hoje, entrego-me ao pensamento. Particularidades flexionais aprofundam polarizações subjuntivas, sintagmas adverbiais estancam lexemas monossilábicos, locuções adjetivas embasam temas elípticos, formas rizotônicas preterem desinências verbais, perfis morfossintáticos deferem verbos defectivos, tempos derivados abrangem sincronias e diacronias, plágios partiram paráfrases enunciativas, balizamentos morfológicos imbuíram modalidades declarativas, predicações caíram em perspectivas afins, sinto-me repetindo as mesmas ideias, eterno retorno banal, anticriativo. Loucos penosos dissipam ódios normativos para as mentes estéreis. Risos histriônicos cortam o silêncio. Acatalepsia. Sofistas esquecem seus textos apócrifos. Acatalepsia.

Fim

Dados Internacionais de Catalogação na Publicação (CIP)
(Câmara Brasileira do Livro, SP, Brasil)

Aquiles, Marcio
  O esteticismo niilista do número imaginário e outras peças / Marcio Aquiles; apresentação de Ivam Cabral. – São Paulo: É Realizações, 2013. –
(Coleção dramaturgia autores nacionais)

ISBN 978-85-8033-135-6

1. Aquiles, Marcio 2. Dramaturgia 3. Peças teatrais
4. Teatro brasileiro I. Cabral, Ivam. II. Título. III. Série.

13-06086   CDD-792.0981

Índices para catálogo sistemático:
1. Dramaturgia : Peças teatrais : Teatro brasileiro   792.0981

Este livro foi impresso pela Digital Page para É Realizações, em julho de 2013. Os tipos usados são da família Sabon LT Std e Helvética Neue. O papel do miolo é alta alvura 90g e o da capa, cartão supremo 250g.